Efeito Bipolar

Emerson Calejon

Published by Emerson Calejon, Sr, 2024.

EFEITO BIPOLAR

First edition. June 6, 2024.

Copyright © 2024 Emerson Calejon.

ISBN: 979-8227779427

Written by Emerson Calejon.

Resumo

Meu nome é Emerson e tive essas amizades quando trabalhava em uma organização, formando uma banda sem nome com colegas que gostavam de música. Eu tocava bateria e escrevia músicas, mas nunca as compartilhava com os outros membros. Ao marcar um ensaio, descobri que a banda estava tocando com outro baterista, o que me fez sair e fundar uma nova banda, Efeito Bipolar. O guitarrista da banda anterior se juntou a nós e compusemos várias músicas de sucesso. Atualmente, sou formado em Administração de Empresas e escrevo livros sobre diferentes temas, vivendo feliz com as boas lembranças do passado e agradecendo a Deus por tudo que vivi e aprendi.

EFEITO BIPOLAR

A história de uma banda de Rock

Emerson Calejon
emersoncalejon@live.com

Also by Emerson Calejon

A jornada de Allan Karras
A Serenidade Interior
Do outro lado das Estrelas
John River: O último desafio
Luzes e Ensinos do Plano Astral
Mensagens que Auxiliam
O Caminho
Paixões na Madrugada
Palavras que Confortam
Palavras que Libertam
Reflexões de uma Jornada
Além das Estrelas
O Declínio da Coragem
Uma História de Vida
A Gota de Chuva
O Homem frente ao Ego
O Menino e o Maestro
Perguntas e Respostas sobre a vida Espiritual
Aprendendo com a Vida
50 Tons de Pensamentos
Gume de dois Lados
John River: o início da missão
Arte de Viver
O Jardim de Dulcineia
Para onde tenha Sol

Um olhar além das Estrelas
Em uma Noite Fria
Lembranças de uma Noite de Réveillon
Amizade Colorida
A Luz da Esperança
Efeito Bipolar
Pantera

Introdução

Meu nome é Emerson e tive essas amizades quando trabalhava em uma organização.

Logo percebemos que gostávamos do mesmo tipo de música e ficamos amigos.

Todos sabíamos um pouco sobre cada instrumento.

Formamos uma banda anônima e começamos a tocar em uma churrascaria alugada.

O cantor não cantava muito bem, mas o guitarrista tocava bem.

Eu tocava bateria e sabia escrever músicas.

Eu escrevia minhas músicas sem ninguém saber, mas nunca as apresentei para os membros da banda.

O tempo passou e um belo dia resolvi ir ao estúdio marcar um ensaio.

Quando cheguei lá, encontrei os membros da minha banda tocando com outro baterista.

Fiquei decepcionado e saí do estúdio para dar um passeio.

Mas certamente existem problemas úteis.

Depois disso deixei a banda sem nome e decidi formar uma nova banda chamada Efeito Bipolar e continuei a escrever minhas próprias músicas.

Também o guitarrista da antiga banda saiu e veio tocar conosco.

Escrevi as músicas: Louco é meu Vizinho, Declínio da Coragem, Uma Fábula, Livre Associação, Chapa 443, Paixões na Madrugada, São Paulo, Sentir amor e foram o maior sucesso.

Tudo isso aconteceu há muito tempo e agradeço a Deus por tudo que vivi e aprendi.

Hoje vivo muito satisfeito com boas recordações do passado.

Me formei em Administração de Empresas e escrevo diversos livros sobre diversos assuntos.

CAPÍTULO 1

A Descoberta da Paixão pela Música

Infância e Influências Musicais

A paixão pela música muitas vezes tem suas raízes na infância, onde as primeiras experiências sonoras moldam a percepção e o gosto musical de uma pessoa. Neste capítulo, exploraremos os primeiros contatos com a música e como essas experiências influenciaram a formação da paixão pela música.

Primeiros Contatos com a Música

Desde os primeiros anos de vida, a música pode estar presente no ambiente familiar, desempenhando um papel significativo na formação do gosto musical. Os primeiros contatos com a música em casa podem estabelecer as bases para uma apreciação duradoura e uma conexão emocional com a arte sonora.

Música em Casa

O ambiente familiar desempenha um papel crucial na exposição inicial à música. A influência dos pais, em particular, pode ser determinante na formação do gosto musical de uma criança. A presença constante de música como parte da rotina diária pode criar uma atmosfera propícia para a apreciação e compreensão da arte sonora.

Influência dos Pais

Os pais exercem uma influência significativa na formação do gosto musical dos filhos. Seja por meio da seleção de músicas tocadas em casa, frequentando concertos ou compartilhando suas próprias preferências musicais, os pais desempenham um papel fundamental na exposição inicial à música.

Gosto Musical dos Pais

O gosto musical dos pais pode variar amplamente, abrangendo uma diversidade de gêneros e estilos. Essa variedade pode enriquecer a experiência musical da criança, oferecendo uma ampla gama de influências e inspirações.

A música como parte da rotina diária pode incluir momentos como ouvir música durante as refeições, em viagens de carro ou em atividades domésticas. Essa exposição constante a diferentes gêneros musicais pode despertar a curiosidade e a apreciação pela diversidade sonora.

Impacto Emocional e Identificação com a Música

A música tem o poder de evocar emoções e criar uma conexão profunda com os ouvintes. A identificação com letras, melodias e a expressão de sentimentos por meio da música desempenham um papel crucial na formação da paixão pela arte sonora.

Música como Expressão de Sentimentos

A capacidade da música de expressar uma ampla gama de sentimentos e emoções é uma das suas características mais marcantes. A identificação com as mensagens transmitidas pelas letras e a atmosfera criada pelas melodias podem estabelecer uma conexão emocional profunda com a música.

Identificação com Letras e Melodias

A capacidade de se identificar com as letras das músicas e as histórias que elas contam é um aspecto fundamental da apreciação musical. A combinação entre as palavras e as melodias pode ressoar de forma única com as experiências e emoções individuais de cada ouvinte.

Influência das Emoções na Apreciação Musical

As emoções desempenham um papel significativo na forma como a música é apreciada. O estado emocional de um indivíduo pode influenciar a percepção e a interpretação das músicas, criando uma conexão pessoal e íntima com a arte sonora.

Descoberta do Potencial Criativo

A música não apenas evoca emoções, mas também pode ser uma fonte de expressão criativa. A descoberta do potencial criativo na composição e improvisação musical pode ser um momento transformador na jornada de paixão pela música.

Composição e Improvisação

A capacidade de criar e explorar ideias musicais próprias através da composição e improvisação pode abrir novos horizontes na relação de um indivíduo com a música. A liberdade de expressão proporcionada por essas práticas pode ser uma fonte de inspiração e realização pessoal.

CAPÍTULO 2

Formação da Banda Anônima

Encontro e Amizade entre os Membros

A formação da Banda Anônima teve início a partir do encontro e da amizade entre os seus membros. A origem da amizade se deu pela conexão através da música, onde os integrantes descobriram interesses musicais em comum. A paixão pela música foi o elo que uniu essas pessoas, criando uma base sólida para a formação da banda.

Origem da Amizade

A amizade entre os membros da Banda Anônima teve sua origem na descoberta de uma conexão especial através da música. Ao compartilharem experiências musicais, perceberam que tinham interesses e gostos em comum, o que fortaleceu os laços entre eles.

Conexão Através da Música

A música serviu como um ponto de conexão fundamental para o surgimento da amizade entre os membros da banda. A capacidade de se identificar com as mesmas melodias, letras e estilos musicais criou um ambiente propício para o desenvolvimento de laços afetivos e parcerias duradouras.

Descoberta de Interesses Musicais em Comum

Ao compartilharem suas playlists, discos favoritos e experiências em shows, os membros da Banda Anônima perceberam que tinham uma afinidade musical surpreendente. Essa descoberta foi o ponto de partida para a consolidação de uma amizade baseada na paixão pela música.

Formação da Banda

A decisão de formar uma banda foi motivada pela vontade de tocar em grupo e compartilhar a paixão pela música com outras pessoas. A diversidade de habilidades musicais dos membros foi um fator determinante para a formação de uma equipe coesa e talentosa.

Decisão de Formar uma Banda

A motivação para formar uma banda surgiu da necessidade de expressar artisticamente a paixão pela música em conjunto. A ideia de criar um projeto musical coletivo foi impulsionada pelo desejo de compartilhar experiências musicais e criar algo significativo juntos.

Motivação para Tocar em Grupo

A motivação para tocar em grupo estava enraizada na busca por uma experiência musical enriquecedora, onde cada membro pudesse contribuir com suas habilidades e influências, resultando em uma sonoridade única e impactante.

Diversidade de Habilidades Musicais

A diversidade de habilidades musicais dos membros da Banda Anônima foi um fator enriquecedor para a formação do grupo. O conhecimento prévio de instrumentos e a experiência com música trouxeram uma riqueza de talentos e perspectivas para a banda.

Conhecimento de Instrumentos

A experiência prévia com música permitiu que cada membro da banda contribuísse com habilidades específicas, ampliando as possibilidades sonoras e criativas do grupo.

Primeiros Desafios e Ensaios

Os primeiros desafios da Banda Anônima surgiram durante a escolha do repertório e nos ensaios iniciais. A seleção de músicas para tocar e a busca por sincronia e entrosamento musical foram etapas fundamentais para o desenvolvimento do grupo.

Escolha do Repertório

A seleção de músicas para compor o repertório da Banda Anônima foi um processo que envolveu a busca por canções que representassem a identidade musical do grupo e que ressoassem com seus integrantes e potenciais ouvintes.

Seleção de Músicas para Tocar

A escolha das músicas para tocar foi pautada pela busca de um repertório diversificado, que explorasse diferentes estilos e gêneros musicais, ao mesmo tempo em que refletisse a essência e proposta artística da banda.

Desafios de Tocar Juntos

A busca por sincronia e entrosamento musical representou um desafio inicial para a Banda Anônima. A necessidade de tocar em conjunto, respeitando as individualidades e contribuindo para a sonoridade coletiva, demandou esforço e dedicação por parte de todos os membros.

Sincronia e Entrosamento Musical

O processo de desenvolver a sincronia e o entrosamento musical foi fundamental para a consolidação da identidade sonora da banda. A superação dos desafios iniciais fortaleceu os laços entre os membros e contribuiu para o amadurecimento artístico do grupo.

Você Sabia?

Formação da Banda Anônima
Primeiros Desafios e Ensaios
Desafios de Tocar Juntos
Sincronia e Entrosamento Musical

O processo de desenvolver a sincronia e o entrosamento musical foi fundamental para a consolidação da identidade sonora da banda. A superação dos desafios iniciais fortaleceu os laços entre os membros e contribuiu para o amadurecimento artístico do grupo.

Experiência na Churrascaria Alugada

A oportunidade de tocar ao vivo na churrascaria alugada representou um marco na trajetória da Banda Anônima. A primeira apresentação pública e a reação do público foram momentos que marcaram o início da jornada musical do grupo.

Oportunidade de Tocar ao Vivo

A primeira apresentação pública da Banda Anônima na churrascaria alugada foi uma oportunidade única para os membros experimentarem a atmosfera e a dinâmica de um show ao vivo, compartilhando sua música com o público.

Primeira Apresentação Pública

O momento da primeira apresentação pública foi repleto de emoção e expectativa, representando a concretização de um sonho compartilhado pelos membros da banda. A energia do palco e a interação com a plateia marcaram esse momento especial.

Reação do Público

O feedback e a recepção das primeiras apresentações da Banda Anônima foram fundamentais para o amadurecimento artístico do grupo. A interação com o público e a análise das reações contribuíram para o aprimoramento da performance e identidade musical da banda.

Feedback e Recepção das Primeiras Apresentações

A recepção calorosa do público e o feedback positivo foram fontes de estímulo e inspiração para a Banda Anônima. A troca de energia com os ouvintes impulsionou o grupo a seguir em frente, enfrentando novos desafios e consolidando sua presença no cenário musical.

CAPÍTULO 3
Os Primeiros Passos na Churrascaria Alugada
Preparação para a Primeira Apresentação
Escolha do Local e Data

A primeira apresentação da banda Efeito Bipolar foi cuidadosamente planejada, e a escolha do local e da data desempenhou um papel crucial nesse processo. Após pesquisas e negociações, a churrascaria alugada foi selecionada como o local ideal para o grande momento. A data foi definida levando em consideração a disponibilidade do estabelecimento e a agenda da banda, visando garantir a máxima participação do público e criar um ambiente propício para a estreia.

Ensaios Intensivos

Os ensaios para a primeira apresentação foram marcados por uma dedicação incansável e uma preparação musical minuciosa. Cada membro da banda Efeito Bipolar se empenhou em aprimorar sua performance, buscando a excelência artística e a harmonia coletiva. Horas de ensaios intensivos foram dedicadas à seleção do repertório, à afinação dos instrumentos e à sincronização das músicas, visando oferecer ao público uma experiência musical memorável e impactante.

Teste Seu Conhecimento
Preparação para a Primeira Apresentação

Ensaios Intensivos

Os ensaios para a primeira apresentação foram marcados por uma dedicação incansável e uma preparação musical minuciosa. Cada membro da banda Efeito Bipolar se empenhou em aprimorar sua performance, buscando a excelência artística e a harmonia coletiva. Horas de ensaios intensivos foram dedicadas à seleção do repertório, à afinação dos instrumentos e à sincronização das músicas, visando oferecer ao público uma experiência musical memorável e impactante.

Expectativas e Nervosismo

Emoções Antes da Apresentação

À medida que a data da primeira apresentação se aproximava, uma mistura de ansiedade e entusiasmo tomava conta dos membros da banda Efeito Bipolar. A expectativa pelo momento tão aguardado gerava uma energia intensa, impulsionando a preparação final e a conexão emocional com o repertório escolhido. Cada integrante da banda vivenciava a antecipação do evento de maneira única, mas todos compartilhavam a emoção de compartilhar sua música com o público pela primeira vez.

Confiança e Insegurança

Em meio às expectativas, sentimentos de confiança e insegurança se entrelaçavam nos corações dos membros da banda Efeito Bipolar. A confiança no talento individual e na sinergia do grupo era evidente, mas a insegurança diante do desconhecido e da responsabilidade de cativar o público pela primeira vez também se fazia presente. Essa dualidade emocional refletia a busca pela excelência e a entrega genuína à arte da música.

A Primeira Performance

Atmosfera da Churrascaria

A churrascaria alugada se transformou em um cenário de expectativa e emoção, com a atmosfera carregada de energia e a presença de um público ansioso para testemunhar a estreia da banda Efeito Bipolar. O ambiente acolhedor e aconchegante proporcionava o cenário perfeito para a expressão artística, enquanto a expectativa pairava no ar, criando uma atmosfera vibrante e inspiradora para a primeira performance da banda.

Reação da Banda ao Tocar ao Vivo

A experiência de tocar ao vivo pela primeira vez em um local público foi um marco na jornada da banda Efeito Bipolar. A energia pulsante do público, a atmosfera envolvente da churrascaria e a realização de compartilhar sua música ao vivo geraram uma reação intensa e emocionante nos membros da banda. A entrega apaixonada à performance e a conexão com a audiência marcaram o início de uma trajetória musical repleta de significado e impacto.

CAPÍTULO 4
Desafios e Desentendimentos na Banda
Dificuldades na Comunicação e Tomada de Decisões

A convivência em uma banda de rock pode ser repleta de desafios, especialmente quando se trata da comunicação e da tomada de decisões. Os membros da banda, muitas vezes, enfrentam conflitos de opinião, o que pode gerar divergências na escolha do repertório. Cada integrante possui suas preferências musicais e é natural que surjam discordâncias quanto às músicas a serem incluídas no repertório da banda. Essas divergências podem levar a tensões e desentendimentos, exigindo habilidades de negociação e comprometimento por parte de todos os envolvidos.

Além disso, os problemas de comunicação também se fazem presentes, tornando-se um obstáculo para a expressão de ideias e sentimentos. As dificuldades em expressar claramente as opiniões e emoções podem gerar mal-entendidos e conflitos internos, afetando o ambiente e a dinâmica da banda.

Desafios Técnicos e Musicais

O aprimoramento individual é essencial para o sucesso de uma banda de rock. Cada membro precisa estar constantemente buscando o desenvolvimento musical, aprimorando suas habilidades técnicas e musicais. A necessidade de evoluir como músico e intérprete pode ser um desafio constante, exigindo dedicação e disciplina por parte de cada integrante da banda.

Além disso, a adaptação a novos estilos musicais também representa um desafio significativo. A exploração de diferentes gêneros musicais pode demandar um esforço adicional por parte dos músicos, que precisam expandir seus horizontes e se aventurar em territórios musicais desconhecidos. Essa adaptação requer flexibilidade e abertura para experimentar novas sonoridades, o que nem sempre é uma tarefa fácil.

Pressão Externa e Interna

As expectativas do público e da indústria musical podem exercer uma pressão significativa sobre os membros da banda. A repercussão das primeiras apresentações, as críticas e as reações do público podem impactar diretamente a autoconfiança e a autoestima dos músicos. Lidar com as expectativas externas e a pressão para corresponder às demandas do mercado musical pode ser desafiador e, em alguns casos, desgastante para os integrantes da banda.

Além disso, a pressão interna, proveniente das próprias inseguranças e expectativas dos membros, também desempenha um papel crucial. O impacto das pressões na autoimagem dos músicos pode afetar o equilíbrio emocional e a estabilidade psicológica, sendo necessário um trabalho constante de fortalecimento da autoconfiança e da resiliência emocional.

CAPÍTULO 5

A Decisão de Formar uma Nova Banda

Reflexão e Avaliação da Situação Atual

A decisão de formar uma nova banda muitas vezes surge da necessidade de mudança e da insatisfação com a dinâmica da banda atual. Os membros podem identificar problemas internos que dificultam a realização do potencial artístico e a busca por novas oportunidades musicais. Essa reflexão profunda pode ser o ponto de partida para uma nova jornada musical, repleta de desafios e possibilidades.

Insatisfação com a Dinâmica da Banda

A insatisfação com a dinâmica da banda pode surgir de divergências criativas, problemas de comunicação ou conflitos pessoais. Muitas vezes, os membros percebem que a banda atual não está mais alinhada com seus objetivos e valores, o que pode levar à busca por novos caminhos musicais.

Identificação de Problemas Internos

A identificação de problemas internos pode envolver a análise das relações interpessoais, a falta de coesão no processo criativo ou a dificuldade em tomar decisões coletivas. Reconhecer esses problemas é o primeiro passo para buscar soluções e iniciar uma nova fase na carreira musical.

Necessidade de Mudança

A necessidade de mudança pode surgir da vontade de explorar novas sonoridades, experimentar diferentes abordagens musicais ou buscar oportunidades de crescimento artístico. A busca por novas oportunidades musicais pode ser motivada pela ambição de evoluir e expandir os horizontes musicais.

Busca por Novas Oportunidades Musicais

A busca por novas oportunidades musicais pode envolver a exploração de gêneros musicais diferentes, a colaboração com novos músicos ou a busca por espaços de atuação inexplorados. Essa busca reflete o desejo de inovação e renovação na carreira musical.

Você Sabia?
A Decisão de Formar uma Nova Banda
Reflexão e Avaliação da Situação Atual
Necessidade de Mudança

Busca por Novas Oportunidades Musicais

A busca por novas oportunidades musicais pode envolver a exploração de gêneros musicais diferentes, a colaboração com novos músicos ou a busca por espaços de atuação inexplorados. Essa busca reflete o desejo de inovação e renovação na carreira musical.

Desligamento da Banda Anônima

O desligamento da banda atual é um processo delicado que envolve conversas francas e respeitosas com os membros. Explicar as razões para sair da banda e se despedir dos antigos companheiros de banda são passos importantes para encerrar um ciclo e abrir espaço para novos caminhos musicais.

Conversa e Comunicação com os Membros

A conversa e comunicação com os membros da banda atual é essencial para garantir um desligamento amigável e respeitoso. É importante explicar as razões para sair da banda de forma clara e honesta, buscando preservar as relações pessoais e profissionais.

Explicação das Razões para Sair da Banda

Explicar as razões para sair da banda pode envolver a exposição dos motivos pessoais, artísticos e profissionais que levaram à decisão de buscar novos rumos musicais. A transparência e a empatia são fundamentais nesse processo de desligamento.

Despedida e Novos Caminhos

A despedida dos antigos companheiros de banda pode ser um momento emocional e significativo. É importante expressar gratidão pela jornada compartilhada e desejar sucesso nos novos caminhos musicais, demonstrando respeito e apreço pelos laços construídos.

Despedida dos Antigos Companheiros de Banda

A despedida dos antigos companheiros de banda pode envolver a celebração das conquistas alcançadas juntos, o reconhecimento das contribuições de cada membro e a expressão de votos de sucesso e realização pessoal e profissional.

Início da Jornada com a Banda Efeito Bipolar

O início da jornada com a nova banda representa a oportunidade de formar novas parcerias musicais, definir objetivos e visão para o futuro da banda. A formação da nova banda e o planejamento para o futuro são passos fundamentais para estabelecer uma base sólida e promissora para a carreira musical.

Formação da Nova Banda

A formação da nova banda pode envolver o convite a novos membros, a identificação de parcerias musicais promissoras e a construção de uma equipe coesa e comprometida com os objetivos artísticos e profissionais da banda.

Convite a Novos Membros e Parcerias Musicais

O convite a novos membros e parcerias musicais pode ser motivado pela busca de habilidades complementares, afinidades artísticas e valores compartilhados. A formação da nova equipe reflete a visão e os objetivos da banda Efeito Bipolar.

Definição de Objetivos e Visão

A definição de objetivos e visão para o futuro da banda Efeito Bipolar é essencial para estabelecer um direcionamento claro e inspirador. O planejamento estratégico e a definição de metas representam o alicerce para o crescimento e a consolidação da nova banda no cenário musical.

Planejamento para o Futuro da Banda

O planejamento para o futuro da banda Efeito Bipolar pode envolver a definição de estratégias de divulgação, a busca por oportunidades de apresentação e a criação de um repertório autêntico e impactante. Essa visão de futuro representa a promessa de uma jornada musical emocionante e repleta de realizações.

CAPÍTULO 6
A Criação da Banda Efeito Bipolar
Origem e Significado do Nome

A banda Efeito Bipolar teve sua origem em uma profunda reflexão sobre a dualidade presente na natureza humana e nas emoções. O nome "Efeito Bipolar" foi escolhido como uma representação simbólica das diferentes facetas da vida e das experiências que influenciam a música e a arte. A dualidade entre luz e sombra, alegria e tristeza, euforia e melancolia, todas essas nuances são refletidas no nome da banda, que busca expressar a complexidade das emoções humanas.

Inspiração e Simbolismo

A inspiração para o nome "Efeito Bipolar" veio da observação das oscilações emocionais e das mudanças de humor que permeiam a existência. A banda buscou capturar essa dualidade e transformá-la em música, utilizando-a como fonte de criatividade e expressão artística. O simbolismo por trás do nome reflete a busca pela autenticidade e pela honestidade emocional na composição das músicas, explorando tanto as profundezas da alma quanto os momentos de exaltação e euforia.

Explicação do Conceito por Trás do Nome

O conceito por trás do nome "Efeito Bipolar" vai além da mera referência a um transtorno psicológico. Ele representa a amplitude das experiências humanas, a capacidade de transitar entre diferentes estados emocionais e a riqueza que surge dessa diversidade. A banda busca traduzir essa riqueza em sua música, explorando as nuances do ser humano e as múltiplas camadas que compõem a existência.

Formação e Composição da Banda

A formação da banda Efeito Bipolar foi marcada pela integração de músicos talentosos e apaixonados, cada um trazendo sua bagagem musical e suas influências para enriquecer o som coletivo. A diversidade de habilidades e experiências dos integrantes foi fundamental para a criação de uma identidade sonora única, que mescla diferentes estilos e gêneros musicais em uma expressão autêntica e inovadora.

Integração de Novos Membros

A integração de novos membros na banda Efeito Bipolar trouxe uma riqueza ainda maior para a sonoridade do grupo. A diversidade de habilidades musicais e a variedade de influências de cada integrante contribuíram para a criação de arranjos complexos e cativantes, enriquecendo as composições e elevando o patamar artístico da banda.

Diversidade e Habilidades dos Integrantes

Cada integrante da banda Efeito Bipolar trouxe consigo um conjunto único de habilidades e experiências musicais. A diversidade de instrumentos dominados, estilos preferidos e bagagens culturais enriqueceu o repertório da banda, permitindo a exploração de diferentes sonoridades e a fusão de elementos musicais diversos.

Papel de Cada Membro na Banda

O papel de cada membro na banda Efeito Bipolar foi fundamental para a construção de uma identidade musical coesa e impactante. As contribuições individuais para o estilo da banda, seja na composição, arranjos ou execução, foram valorizadas e integradas de forma a potencializar a expressão artística coletiva.

Contribuições Individuais para o Estilo da Banda

Cada membro da banda Efeito Bipolar teve a liberdade e o espaço para contribuir com sua própria essência musical, enriquecendo as composições e performances com sua singularidade. A interação entre os integrantes, combinada com o respeito mútuo e a valorização das diferenças, foi essencial para a criação de um som autêntico e impactante.

Teste Seu Conhecimento

Qual foi o papel de cada membro na formação da banda Efeito Bipolar?

1. Como a interação entre os integrantes contribuiu para o estilo da banda?
2. Por que a liberdade e espaço para contribuições individuais foram importantes para a criação do som da banda?
3. Quais foram os principais elementos que enriqueceram as composições e performances da banda?

Estilo Musical e Identidade Sonora

O estilo musical da banda Efeito Bipolar é uma fusão de influências diversas, que vão desde o rock alternativo e o grunge até elementos de música clássica e regional. A exploração de novas sonoridades e as experimentações musicais foram fundamentais para a criação de uma identidade sonora única, que cativa e emociona o público, transmitindo as emoções e mensagens presentes nas composições.

Exploração de Novas Sonoridades

A banda Efeito Bipolar buscou constantemente expandir seus horizontes musicais, explorando novas sonoridades e incorporando elementos inovadores em suas composições. A experimentação com instrumentos não convencionais, arranjos inusitados e texturas sonoras diferenciadas contribuiu para a criação de uma atmosfera musical envolvente e única.

Influências e Experimentações Musicais

As influências musicais dos integrantes da banda Efeito Bipolar foram fundamentais para as experimentações sonoras que deram origem a um estilo eclético e marcante. A abertura para novas influências e a disposição para explorar novas abordagens musicais foram elementos-chave na construção da identidade sonora da banda.

Criação de um Estilo Próprio

Ao longo de sua trajetória, a banda Efeito Bipolar desenvolveu um estilo próprio, reconhecível e impactante. A fusão de elementos musicais diversos, aliada à autenticidade das letras e à intensidade das performances ao vivo, consolidou a identidade sonora da banda, que se destaca pela originalidade e pela capacidade de emocionar e envolver o público.

Desenvolvimento de uma Identidade Musical Única

A busca incessante por uma identidade musical única e impactante levou a banda Efeito Bipolar a experimentar, arriscar e inovar. A consolidação de uma sonoridade que transmite as emoções mais profundas e verdadeiras, aliada a uma abordagem autêntica e sincera, estabeleceu a banda como uma força criativa e inspiradora no cenário musical.

CAPÍTULO 7
Composição e Sucesso das Músicas
Processo Criativo e Inspiracional

A composição de músicas é um processo que envolve diversas fontes de inspiração, sendo as experiências pessoais e emocionais uma das principais influências. Muitas vezes, as letras e melodias nascem a partir de vivências intensas, momentos de alegria, tristeza, amor, perda, ou simplesmente da observação do mundo ao redor. A capacidade de transformar essas experiências em música é o que dá vida e autenticidade às composições.

O desenvolvimento das letras e melodias pode seguir diferentes abordagens, dependendo do estilo musical e da mensagem que se deseja transmitir. Alguns compositores preferem começar com a letra, expressando suas emoções e pensamentos em palavras, enquanto outros iniciam com a melodia, deixando que a música guie a criação das letras. Ambas as abordagens têm seu valor e podem resultar em composições impactantes e significativas.

Recepção e Impacto das Músicas

Após a composição, as músicas são apresentadas ao público e à crítica especializada, gerando feedbacks que são fundamentais para o aprimoramento artístico. A reação inicial do público e dos críticos pode variar, desde entusiasmo e reconhecimento até críticas construtivas. Essas primeiras impressões são essenciais para entender como as músicas estão sendo recebidas e para identificar possíveis ajustes que podem ser feitos para melhorar a qualidade das composições.

A repercussão e o reconhecimento das músicas também são aspectos importantes a serem considerados. O alcance e a popularidade das músicas refletem o impacto que elas têm no público, podendo influenciar a trajetória da banda e a sua relevância na cena musical. O reconhecimento das composições é uma conquista que valida o trabalho árduo e criativo, impulsionando a carreira musical para novos horizontes.

Desafios e Superações na Carreira Musical

A carreira musical está repleta de desafios e obstáculos que demandam resiliência e persistência por parte dos artistas. As adversidades enfrentadas ao longo do caminho, como a competição acirrada, as críticas negativas e as dificuldades financeiras, exigem uma postura firme e determinada para superá-las. A resiliência diante das dificuldades é fundamental para manter o foco e a motivação, permitindo que os artistas continuem a perseguir seus objetivos e aprimorar seu trabalho.

Por outro lado, as conquistas e realizações na carreira musical são momentos de celebração e reconhecimento do talento e esforço dedicados à arte. O reconhecimento do público, as oportunidades de apresentações em grandes eventos e as premiações são marcos que recompensam o trabalho árduo e reafirmam o valor das composições. Esses momentos de sucesso impulsionam os artistas a seguir adiante, inspirando-os a continuar a criar e a se reinventar.

CAPÍTULO 8

Reflexões sobre o Passado e Aprendizados

Olhar Retrospectivo sobre Experiências Pessoais

A trajetória da banda Efeito Bipolar foi marcada por uma série de desafios e desilusões que, longe de serem obstáculos intransponíveis, se revelaram oportunidades de crescimento pessoal e artístico. A resiliência demonstrada diante das adversidades foi fundamental para o amadurecimento individual e coletivo dos membros da banda.

Aprendizados com Desilusões e Desafios

Os momentos de desilusão e os desafios enfrentados ao longo da carreira musical proporcionaram lições valiosas. A capacidade de superar obstáculos e manter a determinação diante das dificuldades contribuiu significativamente para o desenvolvimento pessoal dos integrantes da banda. A resiliência demonstrada em situações adversas fortaleceu o espírito de equipe e a busca por soluções criativas para os problemas enfrentados.

Impacto das Experiências na Composição Musical

A influência das experiências pessoais na composição musical foi uma constante ao longo da jornada da banda. As vivências, sejam elas positivas ou desafiadoras, se refletiram nas letras e melodias das músicas, conferindo-lhes autenticidade e profundidade emocional. A capacidade de transformar as experiências em arte permitiu que a banda transmitisse mensagens genuínas e tocantes por meio de sua música.

Você Sabia?

Reflexões sobre o Passado e Aprendizados

Olhar Retrospectivo sobre Experiências Pessoais

A influência das experiências pessoais na composição musical foi uma constante ao longo da jornada da banda. As vivências, sejam elas positivas ou desafiadoras, se refletiram nas letras e melodias das músicas, conferindo-lhes autenticidade e profundidade emocional. A capacidade de transformar as experiências em arte permitiu que a banda transmitisse mensagens genuínas e tocantes por meio de sua música.

Valorização das Amizades e Parcerias

Além dos aprendizados advindos das dificuldades enfrentadas, a valorização das amizades e parcerias foi um pilar fundamental para a banda Efeito Bipolar. O apoio mútuo e as relações pessoais positivas desempenharam um papel crucial no percurso da banda, contribuindo para o fortalecimento do grupo e para a superação de desafios.

Importância do Apoio e Companheirismo

O apoio e o companheirismo entre os membros da banda foram essenciais para manter a coesão e a motivação ao longo da jornada musical. A capacidade de se apoiarem mutuamente nas adversidades e de celebrarem juntos as conquistas fortaleceu os laços de amizade e contribuiu para um ambiente de trabalho saudável e colaborativo.

Colaboração e Cooperação na Banda

A colaboração e a cooperação entre os integrantes da banda foram fundamentais para o desenvolvimento artístico e para a superação de obstáculos. O trabalho em equipe permitiu a combinação de diferentes habilidades e perspectivas, enriquecendo a produção musical e fortalecendo a unidade do grupo. A sinergia resultante da cooperação foi refletida na qualidade e na originalidade das composições da banda.

Apreciação do Sucesso e Reconhecimento

O sucesso e o reconhecimento alcançados pela banda Efeito Bipolar foram frutos do esforço conjunto, da superação de desafios e da autenticidade expressa em sua música. A compreensão do impacto das canções e a gratidão pelas conquistas foram elementos essenciais para a consolidação do legado da banda e para a compreensão do significado de sua trajetória.

Gratidão e Reconhecimento

A gratidão pelas conquistas alcançadas e pelo apoio recebido ao longo da jornada musical foi um sentimento presente em cada membro da banda. A valorização das oportunidades, dos aprendizados e das relações estabelecidas ao longo do caminho foi fundamental para a manutenção da motivação e para a consolidação de um legado significativo na indústria musical.

Compreensão do Impacto das Músicas

A reflexão sobre o impacto das músicas na vida do público e sobre o significado das canções permitiu à banda compreender a relevância de sua arte. A consciência do poder transformador da música e da capacidade de transmitir emoções e mensagens significativas reforçou o propósito artístico da banda e consolidou sua contribuição para a cena musical

CAPÍTULO 9
O Caminho na Administração de Empresas
Formação Acadêmica e Desenvolvimento Profissional
Experiências na Graduação em Administração

A graduação em Administração foi um período de intenso aprendizado e desafios para Emerson. Durante os anos na universidade, ele teve a oportunidade de adquirir conhecimentos teóricos sólidos sobre gestão, economia, contabilidade, marketing e recursos humanos. Além disso, as disciplinas práticas e os estágios supervisionados proporcionaram a Emerson uma visão mais ampla e realista do mundo empresarial.

Os desafios enfrentados durante a graduação, como a pressão por resultados acadêmicos, os trabalhos em grupo e a busca por estágios relevantes, contribuíram para o desenvolvimento da resiliência e da capacidade de lidar com situações adversas, habilidades essenciais para sua futura carreira na administração.

Caminho Profissional pós-Graduação

Após concluir a graduação, Emerson deparou-se com um vasto campo de oportunidades no mercado de trabalho. Ele optou por iniciar sua carreira em uma empresa de consultoria, onde teve a chance de aplicar os conhecimentos adquiridos na universidade e aprimorar suas habilidades analíticas e de resolução de problemas.

Com o passar dos anos, Emerson buscou novos desafios e oportunidades de crescimento, o que o levou a assumir posições de liderança em diferentes empresas. Sua jornada profissional pós-graduação foi marcada por um constante desejo de aprendizado e aprimoramento, refletindo seu comprometimento com o desenvolvimento de uma carreira sólida e bem-sucedida na área da administração.

Teste Seu Conhecimento

1. Qual foi o caminho profissional escolhido por Emerson após concluir a graduação?

1. Trabalhar em uma empresa de tecnologia
2. Iniciar sua carreira em uma empresa de consultoria
3. Tornar-se um empreendedor

2. Como Emerson buscou novos desafios e oportunidades de crescimento?

- Procurando empregos em diferentes países
- Assumindo posições de liderança em diferentes empresas
- Voltando para a universidade para fazer outra graduação

Aplicação de Habilidades Empresariais

Empreendedorismo e Inovação

Emerson sempre teve um espírito empreendedor e uma visão inovadora, o que o levou a explorar oportunidades de empreendedorismo ao longo de sua carreira. Ele fundou sua própria empresa, onde pôde aplicar suas habilidades empresariais e liderar projetos inovadores. A experiência como empreendedor proporcionou a Emerson um profundo entendimento dos desafios e das recompensas de se criar e gerir um negócio próprio.

Além disso, sua atuação como empreendedor permitiu-lhe desenvolver uma mentalidade voltada para a inovação e a busca por soluções criativas para os desafios empresariais, contribuindo para seu crescimento profissional e para o sucesso de seus empreendimentos.

Gestão de Negócios e Liderança

A gestão de negócios e a liderança sempre foram áreas de interesse e atuação de Emerson. Ao longo de sua carreira, ele ocupou cargos de liderança em diferentes empresas, onde teve a oportunidade de desenvolver e implementar estratégias de gestão, liderar equipes e tomar decisões estratégicas para o crescimento e a sustentabilidade dos negócios.

Sua experiência na gestão de negócios e liderança proporcionou a Emerson um profundo entendimento das dinâmicas organizacionais, das relações interpessoais e da importância de uma liderança inspiradora e eficaz para o sucesso e o crescimento das empresas.

Contribuições para a Comunidade Empresarial

Participação em Projetos e Iniciativas

Além de sua atuação profissional, Emerson sempre teve um forte engajamento em causas empresariais e comunitárias. Ele participou ativamente de projetos e iniciativas voltados para o desenvolvimento sustentável, a responsabilidade social corporativa e o fomento ao empreendedorismo. Sua contribuição para a comunidade empresarial foi marcada por um comprometimento com a promoção do desenvolvimento econômico e social, bem como pela busca por soluções inovadoras e sustentáveis para os desafios enfrentados pelas empresas e pela sociedade.

Impacto e Legado Profissional

O impacto e o legado profissional de Emerson na comunidade empresarial são evidentes em sua capacidade de influenciar positivamente as práticas e as perspectivas do setor. Sua atuação como líder, empreendedor e defensor de causas empresariais deixou um legado de inovação, ética e comprometimento com o desenvolvimento sustentável, inspirando outros profissionais e empresas a seguirem seu exemplo e a contribuírem para um ambiente empresarial mais justo, inclusivo e próspero.

CAPÍTULO 10
A Arte de Escrever e Compor Músicas
Processo Criativo na Composição Musical
Inspiração e Criatividade

A composição musical é um processo profundamente influenciado pela inspiração e criatividade. As fontes de inspiração para a criação de músicas podem variar amplamente entre os compositores. Alguns encontram inspiração na natureza, nas experiências pessoais, nas emoções ou em eventos históricos, enquanto outros se inspiram em obras de arte, literatura ou outras formas de expressão artística. A capacidade de canalizar essa inspiração em música é fundamental para o processo criativo.

A criatividade na composição musical envolve a capacidade de pensar de forma original, de experimentar novas abordagens e de transcender as convenções estabelecidas. Compositores frequentemente buscam explorar novas sonoridades, estruturas e arranjos, desafiando-se a criar algo único e inovador. A liberdade criativa é essencial para a expressão artística por meio da música.

Técnica e Expressão Artística

Além da inspiração e criatividade, a composição musical requer um domínio técnico para expressar de forma eficaz as ideias e emoções do compositor. O desenvolvimento de letras e melodias envolve a aplicação de técnicas musicais, como harmonia, ritmo, melodia e estrutura musical. A habilidade de combinar esses elementos de forma coesa e significativa é fundamental para a expressão artística por meio da composição musical.

A técnica também desempenha um papel crucial na transmissão da mensagem pretendida pelo compositor. A escolha das palavras, a progressão harmônica, a dinâmica e a instrumentação são elementos que contribuem para a expressão das emoções e ideias contidas na música. A combinação equilibrada entre técnica e expressão artística é essencial para a criação de composições musicais impactantes e significativas.

Pense e Reflita

A Arte de Escrever e Compor Músicas

Processo Criativo na Composição Musical

Técnica e Expressão Artística

Além da inspiração e criatividade, a composição musical requer um domínio técnico para expressar de forma eficaz as ideias e emoções do compositor. O desenvolvimento de letras e melodias envolve a aplicação de técnicas musicais, como harmonia, ritmo, melodia e estrutura musical. A habilidade de combinar esses elementos de forma coesa e significativa é fundamental para a expressão artística por meio da composição musical.

A técnica também desempenha um papel crucial na transmissão da mensagem pretendida pelo compositor. A escolha das palavras, a progressão harmônica, a dinâmica e a instrumentação são elementos que contribuem para a expressão das emoções e ideias contidas na música. A combinação equilibrada entre técnica e expressão artística é essencial para a criação de composições musicais impactantes e significativas.

Exploração de Gêneros e Estilos Musicais

Diversidade Musical

A composição musical frequentemente envolve a exploração de diferentes gêneros e estilos musicais. Compositores podem ser influenciados por uma ampla variedade de tradições musicais, desde o clássico e o folclore até o jazz, o rock, o pop, a música eletrônica e muitos outros. A diversidade musical oferece uma rica fonte de inspiração e permite a experimentação com diferentes sonoridades, estruturas e abordagens composicionais.

Ao explorar diversos gêneros e estilos musicais, os compositores têm a oportunidade de expandir seus horizontes criativos, assimilando elementos de diferentes tradições e incorporando-os em suas próprias composições. Essa diversidade contribui para a originalidade e a riqueza das obras musicais, enriquecendo o panorama da música contemporânea.

Inovação e Originalidade

A contribuição para a cena musical por meio da inovação e originalidade é um objetivo almejado por muitos compositores. A capacidade de oferecer novas perspectivas, abordagens e sonoridades é fundamental para a evolução da música. Compositores inovadores buscam romper com convenções estabelecidas, desafiando as expectativas do público e abrindo novos caminhos para a expressão musical.

A originalidade na composição musical pode se manifestar de diversas formas, seja por meio da experimentação com novas técnicas de composição, da fusão de diferentes estilos musicais, da introdução de elementos inesperados ou da reinterpretação criativa de tradições musicais. A busca pela inovação e originalidade é um aspecto fundamental do processo criativo na composição musical.

Significado e Impacto das Letras
Reflexão e Mensagem nas Músicas

As letras das músicas desempenham um papel significativo na transmissão de mensagens, reflexões e narrativas. Compositores frequentemente utilizam as letras como meio de expressar emoções, contar histórias, transmitir mensagens sociais ou políticas, e explorar temas universais como amor, esperança, desafios pessoais e questões existenciais. A reflexão e a mensagem contidas nas letras das músicas oferecem uma oportunidade para os compositores compartilharem suas visões de mundo e se conectarem com o público de forma profunda e significativa.

A capacidade de criar letras que ressoem com o público, que provoquem reflexões e que transmitam emoções autênticas é um aspecto fundamental da composição musical. As letras têm o poder de impactar e inspirar os ouvintes, proporcionando-lhes uma experiência emocional e intelectual enriquecedora.

Recepção e Interpretação pelo Público

O impacto das músicas na audiência é resultado da interação entre a composição musical e a interpretação pessoal dos ouvintes. Cada pessoa pode atribuir significados e interpretações únicas às letras e melodias, influenciadas por suas próprias experiências, emoções e perspectivas. A recepção e interpretação pelo público enriquecem a experiência musical, permitindo que as músicas adquiram significados diversos e se conectem de maneira individual com cada ouvinte.

A interação entre a composição musical e a audiência é um aspecto fundamental da experiência musical. A capacidade das músicas de ressoar com as experiências e emoções dos ouvintes é um reflexo da profundidade e da autenticidade das composições, demonstrando o impacto duradouro da música na vida das pessoas.

CAPÍTULO 11

A Importância da Amizade e da Comunicação na Banda

Vínculos e Relações na Banda

A formação de uma banda de rock não se resume apenas à música, mas também à construção de laços sólidos de amizade e confiança entre seus membros. O convívio diário, os desafios enfrentados em conjunto e a paixão compartilhada pela música contribuem para o fortalecimento dos vínculos pessoais.

Amizade e Confiança

A amizade é a base sobre a qual a banda se sustenta. A confiança mútua permite que os membros se apoiem, compartilhem ideias e sejam honestos uns com os outros. Essa conexão emocional fortalece o grupo e cria um ambiente propício para a criatividade e a colaboração.

Fortalecimento dos Vínculos Pessoais

Os momentos compartilhados, as experiências vividas e os desafios superados juntos contribuem para o fortalecimento dos vínculos pessoais. A amizade vai além do palco, permeando a vida cotidiana dos membros da banda.

Companheirismo e Apoio Mútuo

No contexto da banda, o companheirismo se manifesta na solidariedade e no apoio mútuo entre os membros. A união em torno de um objetivo comum cria um ambiente de colaboração e respeito, fundamentais para o sucesso da banda.

Solidariedade e Colaboração na Banda

A solidariedade se reflete no suporte oferecido em momentos difíceis, na celebração das conquistas individuais e no compartilhamento das responsabilidades. A colaboração é essencial para a harmonia e o equilíbrio dentro do grupo, promovendo um ambiente saudável e produtivo.

Comunicação Efetiva e Resolução de Conflitos

A comunicação clara e aberta é a chave para manter a harmonia e a eficiência dentro da banda. A habilidade de expressar ideias, ouvir atentamente e resolver conflitos de forma construtiva é fundamental para o bom funcionamento do grupo.

Diálogo e Compreensão

O diálogo constante e a compreensão mútua são essenciais para garantir que as opiniões de todos os membros sejam ouvidas e respeitadas. Uma comunicação efetiva promove um ambiente de confiança e cooperação, permitindo que a banda alcance seu potencial máximo.

Importância da Comunicação Clara e Aberta

A comunicação clara e aberta evita mal-entendidos e conflitos, permitindo que os membros da banda trabalhem em sintonia. A capacidade de expressar pensamentos e sentimentos de forma transparente fortalece os laços e promove um ambiente de respeito mútuo.

Gestão de Conflitos e Desentendimentos

Conflitos inevitavelmente surgirão em qualquer grupo, mas a forma como são gerenciados pode fazer a diferença entre o crescimento e a fragmentação da banda. Estratégias eficazes para lidar com desafios são essenciais para manter a coesão e a harmonia.

Estratégias para Lidar com Desafios na Banda

A abordagem proativa na resolução de conflitos, a disposição para ouvir diferentes perspectivas e a busca por soluções que beneficiem a todos são fundamentais para a manutenção de um ambiente saudável e produtivo na banda.

Você Sabia?
A Importância da Amizade e da Comunicação na Banda
Comunicação Efetiva e Resolução de Conflitos
Gestão de Conflitos e Desentendimentos
Estratégias para Lidar com Desafios na Banda

A abordagem proativa na resolução de conflitos, a disposição para ouvir diferentes perspectivas e a busca por soluções que beneficiem a todos são fundamentais para a manutenção de um ambiente saudável e produtivo na banda.

Impacto da Amizade e Comunicação na Performance

A qualidade da amizade e da comunicação dentro da banda tem um impacto direto na performance musical e no bem-estar dos membros. Relações sólidas e uma comunicação efetiva contribuem para a coesão e a excelência artística do grupo.

Cooperação e Sintonia Musical

A cooperação resultante de uma amizade sólida e de uma comunicação efetiva se reflete na sintonia musical da banda. A capacidade de trabalhar em conjunto, compreender as nuances musicais uns dos outros e se adaptar em tempo real é fundamental para uma performance de qualidade.

Influência das Relações na Qualidade Musical

As relações interpessoais dentro da banda influenciam diretamente a qualidade musical. A confiança mútua e a compreensão facilitam a experimentação, a inovação e a busca por novas sonoridades, enriquecendo a expressão artística do grupo.

Bem-Estar e Satisfação na Banda

Um ambiente positivo e colaborativo, sustentado por relações saudáveis e uma comunicação efetiva, promove o bem-estar e a satisfação dos membros da banda. O apoio mútuo e a compreensão contribuem para um ambiente propício ao crescimento pessoal e artístico.

Importância do Ambiente Positivo e Colaborativo

Um ambiente positivo e colaborativo não apenas impacta a qualidade da música produzida, mas também influencia a satisfação e a realização pessoal dos membros da banda. O suporte mútuo e a valorização das relações fortalecem o grupo e impulsionam seu sucesso.

CAPÍTULO 12

Desafios e Conquistas na Carreira Musical

Desafios Iniciais na Indústria Musical

Barreiras e Obstáculos

A entrada na indústria musical é marcada por uma série de desafios e obstáculos que podem parecer intransponíveis para os artistas iniciantes. A competição acirrada, a falta de reconhecimento e as dificuldades financeiras são apenas algumas das barreiras que os músicos enfrentam ao ingressar nesse universo altamente competitivo.

No entanto, é importante ressaltar que muitos artistas de renome também passaram por essas mesmas dificuldades no início de suas carreiras. A superação desses desafios iniciais é fundamental para o amadurecimento artístico e profissional de qualquer músico.

Adversidades e Aprendizados

As adversidades enfrentadas ao longo da carreira musical podem se tornar valiosas fontes de aprendizado. Cada obstáculo superado representa uma oportunidade de crescimento e aquisição de experiência. A resiliência diante das dificuldades e a capacidade de aprender com os fracassos são aspectos essenciais para o desenvolvimento de uma carreira sólida e duradoura no mundo da música.

Os músicos que conseguem extrair lições significativas de suas experiências desafiadoras estão mais bem preparados para enfrentar os desafios futuros e alcançar o sucesso em suas carreiras.

Leitura Adicional

Desafios e Conquistas na Carreira Musical

Desafios Iniciais na Indústria Musical

Adversidades e Aprendizados

As adversidades enfrentadas ao longo da carreira musical podem se tornar valiosas fontes de aprendizado. Cada obstáculo superado representa uma oportunidade de crescimento e aquisição de experiência. A resiliência diante das dificuldades e a capacidade de aprender com os fracassos são aspectos essenciais para o desenvolvimento de uma carreira sólida e duradoura no mundo da música.

Os músicos que conseguem extrair lições significativas de suas experiências desafiadoras estão mais bem preparados para enfrentar os desafios futuros e alcançar o sucesso em suas carreiras.

Conquistas e Reconhecimento
Momentos de Sucesso e Realizações

Os momentos de sucesso e as realizações alcançadas ao longo da carreira musical são fontes de grande satisfação e motivação para os artistas. Desde o lançamento de um álbum bem-sucedido até a realização de uma turnê internacional, cada conquista representa um marco significativo na trajetória de um músico.

O reconhecimento do público, as premiações e as críticas positivas são aspectos que reforçam a importância do trabalho árduo e dedicado na busca pelo sucesso na indústria musical.

Impacto e Repercussão das Músicas

O impacto das músicas de um artista na audiência e na crítica especializada é um reflexo do talento e da qualidade artística do músico. O reconhecimento e a repercussão positiva das composições e performances musicais são indicativos do alcance e da relevância do trabalho desenvolvido pelo artista.

O impacto emocional e cultural das músicas na vida das pessoas é uma das maiores recompensas para um músico, pois demonstra a capacidade da arte de transcender fronteiras e tocar profundamente o público.

Equilíbrio entre Carreira e Vida Pessoal
Desafios da Exposição Pública

A exposição pública e a intensidade da carreira musical podem representar desafios significativos para a vida pessoal dos artistas. A necessidade de conciliar a agenda lotada de compromissos profissionais com a busca por momentos de tranquilidade e convívio familiar pode ser uma tarefa árdua e desafiadora.

Além disso, a pressão constante por manter uma imagem pública impecável e a exposição a críticas e julgamentos podem impactar a saúde emocional e o bem-estar dos músicos, tornando essencial o desenvolvimento de estratégias de gerenciamento da vida pessoal em meio à carreira musical.

Bem-Estar e Saúde Mental

Os cuidados pessoais e o equilíbrio emocional são aspectos fundamentais para a manutenção da saúde mental e do bem-estar dos artistas. A busca por momentos de descanso, a prática de atividades físicas e a atenção à saúde emocional são medidas essenciais para garantir a estabilidade e a qualidade de vida dos músicos.

O apoio de profissionais especializados, como psicólogos e coaches, pode ser uma ferramenta valiosa para auxiliar os músicos na manutenção do equilíbrio emocional e no enfrentamento dos desafios inerentes à carreira musical.

CAPÍTULO 13
A Superação dos Obstáculos e Desilusões
Resiliência e Persistência na Carreira Musical

A carreira musical é repleta de desafios e obstáculos que exigem resiliência e persistência por parte dos artistas. Superar fracassos e desapontamentos faz parte do caminho de qualquer músico em busca do sucesso. As experiências desafiadoras na carreira podem testar os limites emocionais e profissionais, mas também oferecem oportunidades de crescimento e fortalecimento.

Superando Fracassos e Desapontamentos

Os momentos de fracasso e desilusão são inevitáveis na trajetória de um músico. Seja lidando com rejeições em audições, críticas negativas ou projetos que não alcançam o sucesso esperado, essas experiências desafiadoras podem abalar a confiança e a motivação. No entanto, é importante compreender que tais obstáculos são parte integrante do processo de crescimento e amadurecimento artístico.

Os músicos que conseguem superar esses momentos difíceis muitas vezes emergem mais fortes e determinados, prontos para enfrentar novos desafios e buscar oportunidades de crescimento. A resiliência diante dos fracassos é um traço fundamental na construção de uma carreira musical sólida e duradoura.

Força e Determinação

A importância da resiliência na superação de obstáculos não pode ser subestimada. A força e a determinação necessárias para enfrentar as adversidades da carreira musical são fundamentais para a continuidade do trabalho artístico. Muitas vezes, é a capacidade de persistir diante das dificuldades que separa os artistas que alcançam o sucesso daqueles que desistem no caminho.

Os músicos que mantêm a determinação e a coragem de seguir em frente, mesmo diante de desafios aparentemente insuperáveis, frequentemente encontram novas oportunidades e descobrem novos caminhos para expressar sua arte. A resiliência e a persistência são, portanto, qualidades essenciais para a superação dos obstáculos e desilusões na carreira musical.

Fatos e Estatísticas Rápidos

Resiliência e Persistência na Carreira Musical

Força e Determinação

A importância da resiliência na superação de obstáculos não pode ser subestimada. A força e a determinação necessárias para enfrentar as adversidades da carreira musical são fundamentais para a continuidade do trabalho artístico. Muitas vezes, é a capacidade de persistir diante das dificuldades que separa os artistas que alcançam o sucesso daqueles que desistem no caminho.

Os músicos que mantêm a determinação e a coragem de seguir em frente, mesmo diante de desafios aparentemente insuperáveis, frequentemente encontram novas oportunidades e descobrem novos caminhos para expressar sua arte. A resiliência e a persistência são, portanto, qualidades essenciais para a superação dos obstáculos e desilusões na carreira musical.

Aprendizados e Crescimento Pessoal

Além de representar desafios, as desilusões na carreira musical também oferecem oportunidades significativas de aprendizado e crescimento pessoal. As experiências desafiadoras podem ser transformadas em fontes de inspiração e motivação, impulsionando o desenvolvimento tanto pessoal quanto profissional dos artistas.

Desilusões como Oportunidades de Crescimento

Refletir sobre as experiências desafiadoras e as desilusões na carreira musical pode proporcionar insights valiosos e abrir novos horizontes para a evolução artística. Muitos músicos encontram inspiração nas dificuldades enfrentadas, transformando a dor e a frustração em combustível para a criação de novas obras e para a exploração de novas abordagens musicais.

As desilusões podem ser encaradas como oportunidades de crescimento, incentivando os artistas a buscar novos desafios, aprimorar suas habilidades e expandir seus horizontes criativos. Ao enfrentar as adversidades de frente, os músicos podem descobrir novas facetas de sua arte e fortalecer sua identidade musical.

Desenvolvimento Pessoal e Profissional

O impacto das adversidades na carreira musical vai além do aspecto artístico, influenciando também o desenvolvimento pessoal e profissional dos artistas. A superação dos obstáculos e desilusões pode fortalecer a resiliência emocional, a autoconfiança e a capacidade de lidar com situações desafiadoras.

Além disso, as experiências desafiadoras na carreira musical podem proporcionar lições valiosas em termos de gestão de carreira, relacionamentos interpessoais e adaptação a ambientes em constante transformação. Os músicos que enfrentam e superam tais desafios frequentemente emergem mais maduros, preparados para enfrentar os altos e baixos do cenário musical com equilíbrio e determinação.

CAPÍTULO 14
O Impacto das Músicas de Sucesso
Repercussão das Músicas na Sociedade

A influência cultural e social das músicas de sucesso é um fenômeno que transcende gerações e fronteiras. As letras e melodias impactam a audiência de maneiras profundas, muitas vezes refletindo e moldando as percepções e valores da sociedade. A capacidade das músicas de sucesso de provocar emoções e transmitir mensagens poderosas as torna uma força significativa na cultura popular.

A interação entre as músicas de sucesso e a audiência cria um diálogo cultural, onde as canções se tornam parte da trilha sonora da vida das pessoas. As letras e melodias ressoam com os ouvintes, influenciando suas experiências e perspectivas. O impacto das músicas de sucesso na sociedade é evidente não apenas na esfera individual, mas também na forma como moldam movimentos culturais e sociais.

Influência Cultural e Social

As músicas de sucesso exercem uma influência significativa na cultura e na sociedade. Elas refletem e, ao mesmo tempo, moldam as tendências e valores de uma época. Ao abordar temas relevantes e atuais, as canções se tornam um espelho da sociedade, transmitindo mensagens que ressoam com o público. A capacidade das músicas de sucesso de capturar o espírito de uma geração as torna um elemento essencial na expressão cultural.

Além disso, as músicas de sucesso muitas vezes se tornam símbolos de movimentos sociais e mudanças culturais. Elas podem dar voz a questões importantes e inspirar ações coletivas, desempenhando um papel crucial na conscientização e mobilização da sociedade. A influência cultural e social das músicas de sucesso é um testemunho do poder da arte de transcender as barreiras e impactar positivamente o mundo ao nosso redor.

Reconhecimento e Premiações

O reconhecimento das músicas de sucesso pela indústria musical e pela crítica especializada é um reflexo do impacto que exercem na sociedade. Premiações e honrarias concedidas a artistas e compositores destacam a importância das canções e seu significado para a cultura popular. O reconhecimento das músicas de sucesso não apenas celebra a excelência artística, mas também valida sua relevância e impacto na indústria e na audiência.

Além disso, as premiações e honrarias oferecem visibilidade e oportunidades para os artistas, ampliando o alcance e a influência de suas músicas. O reconhecimento e as premiações são uma forma de validar o impacto das canções na sociedade, destacando seu papel como agentes de mudança e expressão cultural.

Você Sabia?
Repercussão das Músicas na Sociedade
Reconhecimento e Premiações

O reconhecimento das músicas de sucesso pela indústria musical e pela crítica especializada é um reflexo do impacto que exercem na sociedade. Premiações e honrarias concedidas a artistas e compositores destacam a importância das canções e seu significado para a cultura popular. O reconhecimento das músicas de sucesso não apenas celebra a excelência artística, mas também valida sua relevância e impacto na indústria e na audiência.

Além disso, as premiações e honrarias oferecem visibilidade e oportunidades para os artistas, ampliando o alcance e a influência de suas músicas. O reconhecimento e as premiações são uma forma de validar o impacto das canções na sociedade, destacando seu papel como agentes de mudança e expressão cultural.

Legado e Permanência das Músicas

A longevidade e relevância das músicas de sucesso são testemunhos de seu impacto duradouro na cultura popular. Muitas canções transcendem o tempo, mantendo-se atuais e significativas mesmo após décadas de seu lançamento. O legado das músicas de sucesso se perpetua através das gerações, inspirando e influenciando novos artistas e audiências. Sua capacidade de permanecer relevantes ao longo do tempo é um testemunho de sua importância na história da música.

Além disso, as músicas de sucesso exercem uma influência contínua em novas gerações de artistas, servindo como fonte de inspiração e referência. O impacto duradouro das canções é evidente na forma como moldam e influenciam a evolução da música, contribuindo para a diversidade e inovação no cenário musical. O legado e permanência das músicas de sucesso são uma prova de seu papel vital na cultura e na arte.

Longevidade e Relevância das Canções

A longevidade das músicas de sucesso é um fenômeno notável, demonstrando a capacidade das canções de transcender as barreiras do tempo e manter sua relevância ao longo das décadas. Muitas vezes, as letras e melodias continuam a ressoar com as audiências, oferecendo significado e inspiração mesmo após muitos anos de seu lançamento. A capacidade das músicas de sucesso de permanecer relevantes é um testemunho de sua qualidade artística e impacto cultural.

Além disso, a permanência das canções em diferentes contextos e gerações destaca sua universalidade e apelo atemporal. As músicas de sucesso continuam a cativar e emocionar novas audiências, mantendo-se como parte integrante da cultura popular. Sua longevidade e relevância são uma prova de seu impacto duradouro e significado na história da música.

Influência em Novas Gerações

As músicas de sucesso exercem uma influência profunda em novas gerações de artistas, servindo como fonte de inspiração e referência para a criação artística. O legado das canções se manifesta na forma como influenciam e moldam a evolução da música, contribuindo para a diversidade e inovação no cenário musical. A influência das músicas de sucesso em novas gerações é um testemunho de seu impacto contínuo e significado na cultura popular.

Além disso, as canções de sucesso oferecem um legado de criatividade e expressão artística que inspira artistas emergentes a explorar novas possibilidades e estilos. O impacto das músicas de sucesso em novas gerações é evidente na forma como perpetuam e enriquecem a herança cultural, contribuindo para a vitalidade e diversidade da música contemporânea.

CAPÍTULO 15

A Influência da Experiência Pessoal na Arte

Expressão Artística como Reflexo da Vida

A expressão artística, em especial a música, muitas vezes reflete as experiências pessoais e emocionais do artista. As vivências e os momentos marcantes na vida de um músico têm um impacto significativo na composição musical, influenciando a criação de letras e melodias que transmitem autenticidade e profundidade.

Influência das Experiências Pessoais

As experiências pessoais, sejam elas alegres, dolorosas, desafiadoras ou inspiradoras, desempenham um papel fundamental na formação da identidade artística de um músico. A maneira como o artista vivencia e processa essas experiências se reflete na sua música, permitindo uma conexão genuína com o público.

Impacto das Vivências na Composição Musical

Ao compor, o músico muitas vezes recorre às suas próprias vivências para transmitir emoções e mensagens através das letras e melodias. Essa autenticidade na expressão artística cria uma ponte entre o artista e o ouvinte, possibilitando uma experiência emocional e significativa para ambos.

Autenticidade e Originalidade

A busca pela autenticidade na arte é essencial para a criação de músicas que reflitam a verdadeira essência do artista. A originalidade na expressão artística permite que as experiências pessoais sejam transmitidas de forma única e cativante, agregando valor à obra musical.

Importância da Autenticidade na Arte

A autenticidade na arte é um elemento distintivo que ressoa com o público, pois reflete a sinceridade e a honestidade do artista em compartilhar suas experiências e emoções. Essa autenticidade cria uma conexão genuína entre o artista e o ouvinte, estabelecendo uma base sólida para a apreciação e compreensão da música.

Fatos e Estatísticas Rápidos

A Influência da Experiência Pessoal na Arte

Expressão Artística como Reflexo da Vida

Autenticidade e Originalidade

Importância da Autenticidade na Arte

A autenticidade na arte é um elemento distintivo que ressoa com o público, pois reflete a sinceridade e a honestidade do artista em compartilhar suas experiências e emoções. Essa autenticidade cria uma conexão genuína entre o artista e o ouvinte, estabelecendo uma base sólida para a apreciação e compreensão da música.

Emoção e Significado nas Letras e Melodias

A música é uma forma de arte que transmite emoções e mensagens, muitas vezes enraizadas nas experiências pessoais do compositor. As letras e melodias carregam consigo a essência das vivências do artista, proporcionando uma conexão profunda entre a experiência pessoal e a audiência.

Transmissão de Sentimentos e Mensagens

Nas composições musicais, os sentimentos e as mensagens provenientes das experiências pessoais são transmitidos de forma poética e emocional. As letras e melodias se tornam veículos de expressão que permitem ao artista compartilhar sua perspectiva única do mundo, tocando o coração e a mente dos ouvintes.

Conexão entre Experiência Pessoal e Audiência

A conexão entre a experiência pessoal do artista e a audiência é um aspecto poderoso da música. Quando as vivências do compositor são habilmente incorporadas à composição, as músicas se tornam mais do que simples canções; elas se transformam em narrativas emocionais que ressoam com a vida e as experiências do público.

Reflexão e Introspecção

O processo de expressão artística através da música muitas vezes envolve uma profunda reflexão e introspecção sobre as experiências pessoais. Essa jornada de autoconhecimento e expressão criativa permite ao artista explorar as nuances da vida e traduzi-las em composições que tocam a alma.

Processo de Expressão e Catarse

A música proporciona um espaço para a expressão e a catarse, onde as experiências pessoais são transformadas em arte. Esse processo de introspecção e expressão criativa não apenas enriquece a obra musical, mas também oferece ao artista uma oportunidade de crescimento pessoal e superação.

CAPÍTULO 16

A Busca pela Autenticidade na Composição Musical Originalidade e Identidade Artística

A busca pela autenticidade na composição musical é um processo desafiador e enriquecedor, que envolve o desenvolvimento de um estilo próprio e a exploração da criatividade e inovação. Ao criar música, os artistas buscam expressar sua identidade artística de forma única, transmitindo suas emoções e pensamentos por meio das melodias e letras.

Desenvolvimento de um Estilo Próprio

O desenvolvimento de um estilo próprio na composição musical é um caminho que exige experimentação, descoberta e aprimoramento contínuo. Os artistas buscam explorar diferentes abordagens, sonoridades e técnicas para encontrar a expressão que melhor represente sua visão artística. A originalidade é valorizada como um elemento fundamental na construção de uma identidade musical única.

Exploração da Criatividade e Inovação

A exploração da criatividade e inovação na composição musical envolve a busca por novas formas de expressão, a incorporação de elementos inusitados e a quebra de paradigmas. A experimentação com novos instrumentos, arranjos e estruturas musicais contribui para a construção de um estilo autêntico e inovador, que se destaca no cenário artístico.

Expressão Pessoal e Coletiva

A composição musical é um processo que equilibra a expressão pessoal do artista com a colaboração e influência do coletivo. A individualidade do compositor se manifesta nas experiências, sentimentos e vivências que são transformados em música, ao passo que a interação com outros músicos e profissionais da área enriquece e aprimora a criação artística.

Equilíbrio entre Individualidade e Coletividade na Composição

O equilíbrio entre a individualidade e a coletividade na composição musical é essencial para a construção de uma identidade artística autêntica. A capacidade de expressar-se de forma única, ao mesmo tempo em que se integra a um contexto coletivo, resulta em obras que refletem a diversidade e a riqueza das experiências humanas.

Você Sabia?
A Busca pela Autenticidade na Composição Musical
Originalidade e Identidade Artística
Expressão Pessoal e Coletiva
Equilíbrio entre Individualidade e Coletividade na Composição

O equilíbrio entre a individualidade e a coletividade na composição musical é essencial para a construção de uma identidade artística autêntica. A capacidade de expressar-se de forma única, ao mesmo tempo em que se integra a um contexto coletivo, resulta em obras que refletem a diversidade e a riqueza das experiências humanas.

Influências e Referências na Composição

A composição musical é permeada por influências e referências artísticas que enriquecem o processo criativo e contribuem para a formação da identidade do artista. A inspiração pode surgir de diversas fontes, desde experiências pessoais até a apreciação de obras de outros músicos, e a habilidade de reinterpretar e transformar essas influências é fundamental para a criação de uma obra original.

Inspirações e Influências Artísticas

As inspirações e influências artísticas na composição musical podem ser provenientes de diferentes contextos, como a natureza, a literatura, a arte visual, entre outros. Além disso, a admiração por músicos e bandas consagradas também exerce um papel significativo na formação do repertório de referências do artista, contribuindo para a ampliação de seu universo criativo.

Impacto de Diversas Fontes na Composição Musical

O impacto de diversas fontes na composição musical se reflete na riqueza e na diversidade das obras criadas. A capacidade de absorver e integrar influências variadas enriquece a produção artística, possibilitando a criação de músicas que dialogam com diferentes estilos, épocas e culturas, ampliando as possibilidades de expressão do artista.

Reinterpretação e Releitura

A reinterpretação e releitura de referências artísticas são processos essenciais na composição musical, permitindo que o artista transforme elementos já existentes em criações originais. A capacidade de reinventar e dar novos significados a influências prévias contribui para a renovação constante do repertório artístico e para a construção de uma identidade musical única.

Processo de Transformação de Referências em Criação Original

O processo de transformação de referências em criação original é um exercício de criatividade e sensibilidade, no qual o artista busca imprimir sua visão e sua voz nas obras que produz. A habilidade de reinterpretar e reinventar elementos conhecidos resulta em composições que refletem a singularidade e a autenticidade do compositor.

CAPÍTULO 17

A Importância da Persistência e da Resiliência

Superando Desafios e Obstáculos

A carreira musical é repleta de desafios e obstáculos que exigem resiliência por parte dos artistas. As adversidades enfrentadas ao longo do caminho podem ser uma fonte de crescimento e aprendizado, moldando a trajetória e fortalecendo a determinação dos músicos.

Adversidades na Carreira Musical

Os músicos frequentemente se deparam com críticas, fracassos e momentos de incerteza em sua jornada. A capacidade de lidar com essas adversidades de forma construtiva é essencial para o desenvolvimento pessoal e profissional.

Resiliência diante de Críticas e Fracassos

A resiliência é fundamental para enfrentar as críticas e os fracassos que fazem parte da carreira musical. A habilidade de absorver feedbacks negativos, aprender com eles e seguir em frente é um traço distintivo dos artistas bem-sucedidos.

Aprendizado com Experiências Negativas

Cada experiência negativa na carreira musical pode ser uma oportunidade de crescimento. A transformação de obstáculos em oportunidades requer uma mentalidade resiliente e a capacidade de extrair lições valiosas mesmo nos momentos mais desafiadores.

Transformação de Obstáculos em Oportunidades

Os músicos que conseguem transformar obstáculos em oportunidades estão constantemente evoluindo e se adaptando. Ao encarar as experiências negativas como parte integrante do processo de crescimento, eles conseguem superar as dificuldades com determinação e resiliência.

Teste Seu Conhecimento

A Importância da Persistência e da Resiliência

Superando Desafios e Obstáculos

Aprendizado com Experiências Negativas

Transformação de Obstáculos em Oportunidades

Os músicos que conseguem transformar obstáculos em oportunidades estão constantemente evoluindo e se adaptando. Ao encarar as experiências negativas como parte integrante do processo de crescimento, eles conseguem superar as dificuldades com determinação e resiliência.

Manutenção do Foco e da Determinação

Para alcançar o sucesso na carreira musical, é crucial manter o foco, a disciplina e a determinação ao longo do percurso. A consistência e a persistência são elementos-chave para enfrentar os desafios e seguir em direção aos objetivos estabelecidos.

Consistência e Disciplina na Carreira

A consistência e a disciplina são fundamentais para o progresso na carreira musical. A capacidade de manter um ritmo constante de trabalho, mesmo diante das dificuldades, é o que diferencia os artistas que alcançam o sucesso daqueles que desistem no meio do caminho.

Importância da Persistência na Busca pelo Sucesso

A persistência na busca pelo sucesso é um dos pilares da carreira musical. Os músicos que persistem, mesmo diante das adversidades, têm maior probabilidade de alcançar seus objetivos e deixar um legado duradouro na indústria da música.

Adaptação e Flexibilidade

A capacidade de se adaptar e ser flexível diante das mudanças é essencial para a sobrevivência na indústria musical. Os músicos que conseguem se reinventar e acompanhar as transformações do mercado estão mais preparados para enfrentar os desafios e se destacar em suas carreiras.

Capacidade de se Reinventar e se Adaptar às Mudanças

Aqueles que conseguem se reinventar e se adaptar às mudanças do cenário musical estão mais bem posicionados para superar os obstáculos e se destacar. A flexibilidade e a capacidade de inovação são atributos valiosos que impulsionam a carreira dos músicos.

CAPÍTULO 18

O Legado da Banda Efeito Bipolar

Influência e Impacto na Cena Musical

A banda Efeito Bipolar deixou um legado significativo na história da música, com suas contribuições musicais impactando profundamente a cena musical. Sua influência vai além do sucesso comercial, alcançando um patamar de relevância artística e cultural que perdura ao longo do tempo.

Relevância das Contribuições Musicais

O legado da banda Efeito Bipolar na história da música é inegável. Suas composições, performances e abordagens inovadoras deixaram uma marca indelével, contribuindo para a evolução e diversificação do cenário musical.

A ousadia artística da banda, aliada à qualidade de suas produções, elevou o padrão estético e conceitual da música, inspirando outros artistas e bandas a explorarem novas fronteiras sonoras e temáticas.

Legado da Banda na História da Música

O legado da banda Efeito Bipolar na história da música transcende gerações, influenciando não apenas seus contemporâneos, mas também artistas e apreciadores da música em diferentes épocas. Sua contribuição para a evolução e diversificação do panorama musical é amplamente reconhecida e celebrada.

Inspiração para Novas Gerações

A influência da banda Efeito Bipolar se estende para além de seu tempo, servindo como fonte de inspiração e referência para novas gerações de artistas e bandas. Seu legado artístico e filosófico continua a ecoar nas criações de músicos contemporâneos, que encontram na trajetória da banda uma fonte inesgotável de estímulo e criatividade.

Influência da Banda em Novos Artistas e Bandas

A abordagem inovadora e a autenticidade da banda Efeito Bipolar têm impactado diretamente a produção musical contemporânea, inspirando novos artistas e bandas a explorarem novas possibilidades estilísticas e conceituais. O legado da banda se manifesta na pluralidade e na experimentação presentes nas obras de uma nova geração de músicos, que encontram na trajetória da banda um estímulo para a busca da originalidade e da expressão autêntica.

Legado Artístico e Cultural

O legado da banda Efeito Bipolar não se restringe apenas ao âmbito musical, estendendo-se à esfera artística e cultural de forma mais ampla. Sua contribuição para a perpetuação da identidade artística e para o enriquecimento do panorama cultural é um testemunho de sua relevância e impacto duradouro.

Perpetuação da Identidade da Banda

A identidade artística da banda Efeito Bipolar continua a ser preservada e celebrada, mantendo viva a essência de suas criações e mensagens. A singularidade de seu estilo e a profundidade de suas reflexões artísticas permanecem como referência e inspiração para apreciadores da música e das artes em geral.

Preservação do Estilo e das Mensagens da Banda

O estilo inconfundível e as mensagens impactantes da banda Efeito Bipolar são cuidadosamente preservados e difundidos, garantindo que sua contribuição artística continue a ecoar através do tempo. A autenticidade e a relevância de suas obras são perpetuadas, enriquecendo o patrimônio cultural e artístico da sociedade.

Retrato Biográfico
O Legado da Banda Efeito Bipolar
Legado Artístico e Cultural
Perpetuação da Identidade da Banda
Preservação do Estilo e das Mensagens da Banda

O estilo inconfundível e as mensagens impactantes da banda Efeito Bipolar são cuidadosamente preservados e difundidos, garantindo que sua contribuição artística continue a ecoar através do tempo. A autenticidade e a relevância de suas obras são perpetuadas, enriquecendo o patrimônio cultural e artístico da sociedade.

Reconhecimento e Homenagens

O impacto da banda Efeito Bipolar na cultura popular e artística é reconhecido e celebrado através de homenagens, premiações e iniciativas que visam preservar e divulgar seu legado. O reconhecimento da importância da banda para a história da música é uma demonstração tangível de seu impacto e influência duradoura.

Impacto da Banda na Cultura Popular e Artística

O impacto da banda Efeito Bipolar na cultura popular e artística transcende fronteiras, influenciando não apenas a música, mas também outras manifestações artísticas e culturais. Sua presença e contribuição deixaram uma marca indelével, enriquecendo o tecido cultural e inspirando novas formas de expressão e criação.

CAPÍTULO 19
Reflexões sobre a Vida e a Arte
A Intersecção entre Vida e Arte

A vida e a arte estão intrinsecamente ligadas, sendo a expressão artística muitas vezes um reflexo das experiências pessoais e das emoções vividas. A música, em particular, tem o poder de capturar momentos, sentimentos e pensamentos, transformando-os em composições que ressoam com a audiência.

Expressão Artística como Reflexo da Vida

A música, assim como outras formas de arte, reflete a vida de seus criadores. As experiências pessoais, sejam elas alegres, tristes, desafiadoras ou inspiradoras, influenciam diretamente a composição musical. Letras, melodias e arranjos muitas vezes são moldados pelas vivências dos artistas, tornando-se uma forma de expressão autêntica e genuína.

Influência das Experiências Pessoais na Composição

Os momentos marcantes na vida de um músico, sejam eles relacionados a relacionamentos, superações, perdas ou conquistas, frequentemente se manifestam nas músicas que compõem. A capacidade de transmitir emoções e conectar-se com o público está diretamente ligada à autenticidade das experiências pessoais refletidas na arte.

Arte como Forma de Autoexpressão

Além de refletir a vida, a arte, incluindo a música, é uma poderosa forma de autoexpressão. Os artistas têm a liberdade de compartilhar suas visões de mundo, suas reflexões e suas narrativas pessoais por meio de suas criações artísticas. A música, nesse contexto, torna-se um veículo para transmitir não apenas emoções, mas também ideias e perspectivas individuais.

Reflexos da Vida na Criação Artística

A capacidade de transformar experiências pessoais em obras de arte permite que os músicos comuniquem-se de maneira única e significativa.

A autenticidade e a sinceridade presentes na música refletem a vida em sua complexidade, proporcionando uma conexão profunda entre o artista e seu público.

Citações Famosas

A Intersecção entre Vida e Arte

Arte como Forma de Autoexpressão

Reflexos da Vida na Criação Artística

A capacidade de transformar experiências pessoais em obras de arte permite que os músicos comuniquem-se de maneira única e significativa. A autenticidade e a sinceridade presentes na música refletem a vida em sua complexidade, proporcionando uma conexão profunda entre o artista e seu público.

Impacto da Arte na Vida das Pessoas

A arte, incluindo a música, desempenha um papel significativo na vida das pessoas, influenciando o bem-estar emocional, a inspiração e a motivação. As composições musicais têm o poder de transformar o cotidiano, proporcionando conforto, reflexão e até mesmo impulsionando mudanças positivas na vida dos ouvintes.

Influência da Música no Bem-Estar

A música tem o poder de impactar positivamente o bem-estar das pessoas. Suas melodias, ritmos e letras podem proporcionar conforto, alívio do estresse e até mesmo servir como uma forma de terapia. Ouvir músicas que ressoam com as emoções pessoais pode ser uma fonte de consolo e força em momentos desafiadores.

Efeitos Positivos da Música na Vida Cotidiana

A presença da música no dia a dia das pessoas pode contribuir para a criação de ambientes acolhedores, estimulantes e inspiradores. Seja em momentos de relaxamento, concentração, celebração ou introspecção, a música desempenha um papel fundamental no equilíbrio emocional e na qualidade de vida.

Arte como Agente de Transformação

A arte, incluindo a música, tem o potencial de inspirar e motivar mudanças significativas na vida das pessoas. Composições que abordam temas relevantes, que promovem a reflexão e que incentivam a ação positiva podem servir como catalisadores para transformações individuais e coletivas.

Poder da Arte para Inspirar e Motivar

Músicas que transmitem mensagens de esperança, superação, inclusão e amor têm o poder de influenciar atitudes, despertar empatia e promover a união. A arte, nesse contexto, não apenas reflete a vida, mas também contribui para moldar um mundo mais compassivo, consciente e harmonioso.

CAPÍTULO 20

A Jornada de Emerson: da Música à Administração
Paixão pela Música e Formação da Banda

Descoberta da Paixão pela Música

A paixão de Emerson pela música começou cedo, influenciada pelo ambiente musical em que foi criado. Desde a infância, a música esteve presente em sua vida, moldando sua percepção e despertando seu interesse pela arte sonora.

Os momentos em que Emerson ouvia seus pais tocando instrumentos em casa ou cantarolando melodias marcaram profundamente sua ligação com a música. Essa exposição precoce a diferentes gêneros musicais contribuiu para a formação de sua identidade musical e despertou nele a paixão pela expressão artística através do som.

Formação da Banda Anônima

A formação da Banda Anônima foi um marco na jornada musical de Emerson. A conexão entre os membros da banda, baseada em interesses musicais comuns e na amizade, proporcionou um ambiente propício para o desenvolvimento artístico e a busca por novas sonoridades.

Emerson encontrou na Banda Anônima um espaço para explorar sua criatividade e aprimorar suas habilidades musicais, consolidando sua paixão pela música e preparando-o para os desafios futuros em sua carreira.

Citações Famosas

"A música é a linguagem das emoções." - Emanuel Kant

"A música exprime a mais alta filosofia numa linguagem que a razão não compreende." - Arthur Schopenhauer

"A música é a arte mais direta, entra pela orelha e vai para o coração." - Magdalena Martullo-Blocher

"A música é a língua dos espíritos." - Kahlil Gibran

Transição para a Administração
Decisão de Seguir Carreira em Administração

A influência da experiência musical foi fundamental na decisão de Emerson de seguir carreira em administração. A vivência na Banda Anônima proporcionou a ele habilidades de gestão de projetos, organização de eventos e trabalho em equipe, aspectos essenciais para sua transição para a área de administração.

A paixão pela música e a busca por novas oportunidades o levaram a enxergar a administração como um campo onde poderia aplicar sua criatividade e habilidades adquiridas na música, encontrando paralelos entre a gestão de uma banda e a gestão de negócios.

Sucesso na Administração

A transição de Emerson para a administração foi marcada por conquistas significativas e aprendizados valiosos. Sua capacidade de inovação, aliada à sua experiência musical, trouxe uma abordagem única para os desafios empresariais, resultando em sucesso e reconhecimento em sua carreira na área de administração.

Emerson encontrou na administração um novo palco para expressar sua criatividade e habilidades de liderança, construindo uma carreira sólida e impactando positivamente as organizações por onde passou.

CAPÍTULO 21

Conclusão e Agradecimentos

Reflexões Finais sobre a Jornada

A jornada de Emerson, desde a descoberta da paixão pela música até a transição para a administração, foi repleta de aprendizados e crescimento pessoal. Cada desafio enfrentado e cada obstáculo superado contribuíram para a formação de um indivíduo resiliente e determinado.

Aprendizados e Crescimento Pessoal

Os desafios enfrentados ao longo da carreira musical e na transição para a administração proporcionaram a Emerson uma oportunidade única de crescimento pessoal. A superação de obstáculos e a capacidade de se adaptar a novas situações foram elementos fundamentais para o amadurecimento do artista e do profissional.

A experiência na indústria musical e a posterior incursão na administração permitiram a Emerson desenvolver habilidades de liderança, gestão de equipe e resolução de problemas, contribuindo para sua formação integral.

Impacto da Experiência na Vida de Emerson

A jornada de Emerson deixou marcas profundas em sua vida, moldando sua visão de mundo e influenciando suas escolhas futuras. A paixão pela música e a experiência na administração se entrelaçaram, proporcionando-lhe uma perspectiva única sobre a arte, a vida e o trabalho.

Pense e Reflita

Conclusão e Agradecimentos

Reflexões Finais sobre a Jornada

Impacto da Experiência na Vida de Emerson

A jornada de Emerson deixou marcas profundas em sua vida, moldando sua visão de mundo e influenciando suas escolhas futuras. A paixão pela música e a experiência na administração se entrelaçaram, proporcionando-lhe uma perspectiva única sobre a arte, a vida e o trabalho.

Gratidão e Reconhecimento

Emerson expressa sua mais profunda gratidão a todos os amigos, familiares, colegas de banda, mentores, professores, e apoiadores que estiveram ao seu lado ao longo dessa jornada. Sem o apoio e encorajamento deles, nada disso teria sido possível.

Agradecimentos aos Amigos e Apoiadores

Emerson reconhece a importância fundamental do apoio de seus amigos e apoiadores. Suas palavras de incentivo, gestos de solidariedade e presença constante foram a força motriz que o impulsionou nos momentos mais desafiadores.

Ao longo de sua trajetória, Emerson pôde contar com o suporte incondicional de pessoas que acreditaram em seu potencial, e por isso, ele expressa sua eterna gratidão a cada um deles.

Mensagem de Inspiração

Emerson deseja compartilhar uma mensagem de esperança e determinação com todos os leitores que acompanharam sua jornada. Ele acredita que, independentemente dos desafios que possam surgir, é possível superá-los e alcançar os objetivos almejados.

Incentivo aos Leitores

Que a história de Emerson sirva como inspiração para todos aqueles que enfrentam desafios em suas próprias jornadas. A determinação, a resiliência e a paixão são elementos essenciais para alcançar os sonhos e superar as adversidades.

Legado a Ser Lembrado

Emerson acredita que o legado mais significativo que podemos deixar é o exemplo de perseverança e a busca incansável pela realização pessoal e profissional. Ele encoraja a todos a seguirem seus sonhos, acreditarem em si mesmos e a nunca desistirem, independentemente dos obstáculos que possam surgir.

Biografia

Chamo-me Emerson Calejon, sou formado em Administração de Empresas, realizo pesquisas e sou autodidata em filosofia clássica e contemporânea. Sou estudante da espiritualidade e ciências humanas, possuo pós-graduação em psicologia existencial e psicanálise e tenho grande apreço pela escrita.

Já escrevi diversas obras abordando diferentes assuntos, estou agora divulgando meu novo livro chamado "John River: o início da missão".

O que mais me alegra é perceber que constantemente surgirão novas provas para superarmos e continuarmos progredindo em direção aos nossos objetivos.

Agradeço!

"Ainda que eu falasse a língua dos Anjos e dos Homens, sem Amor, eu nada seria."

"Que Deus esteja com Todos.

Editora Home
2024

www.ingramcontent.com/pod-product-compliance
Lightning Source LLC
Chambersburg PA
CBHW022052150726
47990CB00003B/1065